FONDATION PHILIPPE ROTTHIER
POUR L'ARCHITECTURE

PRIX EUROPÉEN D'ARCHITECTURE

PHILIPPE ROTTHIER

EUROPEAN PRIZE OF ARCHITECTURE

PHILIPPE ROTTHIER

2008

AAM ÉDITIONS

LES PIONNIERS / THE PIONEERS

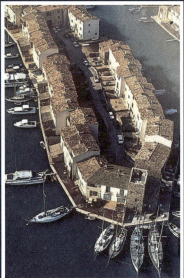

Pueblo español, Palma de Mallorca, Espagne / Spain, 1967.
Fernando Chueca Goitia (1911-2004).

Port-Grimaud, France, 1966.
François Spoerry (1912-1999).

Fuenterrabia / Hondarribia, Espagne / Spain, 1963-1975.
Manuel Manzano-Monis (1913-1997).

POUR UN NOUVEL URBANISME EUROPÉEN / FOR A NEW EUROPEAN URBANISM

Maurice Culot
Président de la / Chairman of the
Fondation pour l'Architecture

En 2005, le Prix triennal européen d'architecture Philippe Rotthier était attribué à Emir Kusturica pour le village de Küstendorf conçu et construit par ses soins en Serbie dans le style local traditionnel. En décernant un prestigieux prix d'architecture à un cinéaste, ce n'était pas seulement une réalisation originale qui était récompensée mais c'était aussi, pour le jury international, une occasion d'affirmer que l'acte de construire ne peut pas être la chasse gardée d'une corporation. Autrement dit, l'architecture et l'urbanisme, avant de devenir des réalisations, sont d'abord des idées accessibles à tous, rassemblées et ordonnées en programmes. S'il échoit aux professionnels de faire passer ceux-ci dans les trois dimensions, il ne leur appartient pas de confisquer la parole publique sur l'architecture et la ville, ni de décider ex abrupto de la manière dont les hommes et les femmes entendent vivre, ni d'imposer au gré de leur fantaisie la forme de la ville. Tous les amateurs nostalgiques de la beauté passée ont le droit légitime, sinon le devoir, de questionner les professionnels qui se placent sous le bouclier de visions futuristes prophétiques pour imposer leurs vues. Car c'est dans la beauté

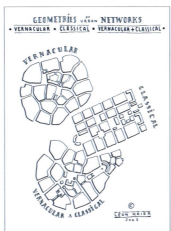

In 2005, the triennial Philippe Rotthier European Prize for Architecture was awarded to Emir Kusturica for the village of Küstendorf, which he designed and built in Serbia in the local traditional style. In awarding a prestigious architecture prize to a film-maker, it was not only an original development that was acknowledged: for the international jury this was also an occasion to affirm that the act of construction cannot be the exclusive domain of a corporation. In other words, before architecture and town planning become completed projects they are first ideas that are accessible to all and assembled and organized into programmes. While it is the professionals who ultimately translate these ideas into three dimensions, that does not mean they are the legitimate public voice of architecture and of the city, are entitled to decide outright how men and women are to live, or can be allowed to impose their own fantasies of the form a town should take. All interested persons with nostalgia for past beauty have the legitimate right, if not duty, to question the professionals who take shelter behind prophetic futuristic visions to impose their views. Because it is in a past, timeless and immortal

Pitiousa, île de Spetses, Grèce / island of Spetsis, Greece, 1993.
Demetri Porphyrios & associates.

passée, intemporelle et immortelle et non dans les utopies totalitaires que résident les fondements contemporains de l'écologie, du bien bâtir, de l'économie, de la hiérarchie des gestes et des décisions et finalement d'un art de vivre responsable.

Le Prix Rotthier 2008 franchit une autre étape en décernant un prix à dix quartiers sélectionnés parmi quelque 250 réalisations construites en Europe ces vingt-cinq dernières années. Le jury a cette fois voulu signifier que la prolifération du chaos des banlieues n'est pas un fait de société inéluctable. Que lorsque des citoyens s'organisent, que des élus ont la volonté de changer, il est toujours possible aujourd'hui de construire d'excellents quartiers et que ceux-ci constituent la réponse la plus efficace aux problèmes posés par le vivre ensemble d'une manière civique et responsable.

beauty and not in utopian totalitarianism that the foundations of contemporary notions of ecology, sound construction, economy, hierarchy of acts and decisions, and ultimately a responsible art of living are to be found.

The 2008 Rotthier Prize marks a new stage in awarding a prize to 10 neighbourhoods selected from among some 250 built in Europe over the past 25 years. On this occasion the jury sought to indicate that the proliferation of the chaos of the suburbs is not an inevitable fact of society. When citizens organize, when elected representatives have the desire to change, it is still possible today to build excellent neighbourhoods that offer the most effective possible response to the problems posed by living together in a civic and responsible manner.

The alienating and discriminating lifestyle that has become day-to-day reality for the population of many suburbs and peri-urban developments originated largely in the need, in the aftermath of the Second World War, to provide rapid responses to the issues of housing, mobility and large-scale industrialisation that Europe was facing. It is understandable that such a change of scale brought disorientation, the loss of values and fertile soil for sorcerer's apprentices. Awareness of the art that, since Rabelais, is known to have preserved the soul, was replaced by, at best, a science fiction romanticism tinged with an egalitarianism in which shadows were banished, but more generally by blind obedience to the dictates of consumerism, seasoned with moralising maxims.

Traditional urban structures were condemned by the majority of professionals and the teaching of architecture was brought into line with the new reality, that of housing estates with their apartment blocks and high rises, the all-powerful motor car, directional centres and supermarkets. The dissection of towns into monofunctional zones was soon echoed by social, segregationist and then ethnic zoning as the disappearance of the neighbourhood brought urban integration, the emerg-

Le mode de vie aliénant et discriminant qui est devenu le quotidien d'habitants de nombre de banlieues et de lotissements périurbains s'explique largement par la nécessité au lendemain de la Seconde Guerre mondiale de donner des réponses rapides aux questions du logement, des déplacements et de l'industrialisation massive de l'Europe. On peut comprendre qu'un tel changement d'échelle ait été cause de désarroi, d'abandon de valeurs et aussi une terre bénie pour les apprentis sorciers. À la conscience du métier, qui, depuis Rabelais, on le sait, préserve l'âme, se substitua, au mieux un romantisme de science-fiction teinté d'égalitarisme où les ombres seraient bannies, mais plus généralement une obéissance aveugle aux lieux communs de la consommation, assaisonnés de maximes moralistes.

Les structures urbaines traditionnelles ont alors été décriées par les professionnels dans leur majorité et l'enseignement de l'architecture a été mis au diapason de la nouvelle donne, celle des lotissements, des barres et des tours de logement, de l'automobile triomphante, des centres directionnels et des supermarchés. À la dissection de la ville en zones monofonctionnelles font bientôt écho les zonages sociaux, ségrégationnistes et puis ethniques car la disparition du quartier entraîne celle de l'intégration urbaine, l'émergence des ghettos et de l'intolérance. Les vocables eux-mêmes sont altérés, aux belles appellations de parcs et jardins succèdent la scatologique coulée verte et le douteux espace tampon.

Puis, quand l'état inquiétant de la planète ainsi maltraitée a rendu ces thèmes triviaux, la profession s'est rangée opportunément sous les bannières de l'écologie rédemptrice, de la haute qualité environnementale et de l'héroïsme artistique en butte aux méchants de la promotion et de l'administration. Cerise sur le gâteau, la panoplie est offerte dans l'emballage d'un langage abscons, glacis sur lequel viennent buter les attaques des rares critiques qui osent encore s'exprimer. À l'idée de la ville avec

Nouveau quartier construit à l'emplacement de l'ancien hôpital Sankt Erik, Stockholm, Suède / New neighbourhood built on the site of the former Sankt Erik Hospital, Stockholm, Sweden, 1990-2003.
Master plan : Aleksander Wolodarski.

ence of ghettoes and intolerance. The terms themselves changed, the beautiful words parks and gardens being replaced by the scatological green stream and the dubious buffer zone.

Then, when the worrying state of a planet so ill-treated rendered such themes trivial, the profession conveniently rallied to the banners of redeeming ecology, high environmental quality and artistic heroism in the face of evil property developers and city authorities. As a cherry on the cake, the panoply is presented all wrapped up in an obscure, impermeable language that is impact-resistant to the rare criticisms of those who still dare express them. The idea of a town with its urban fabric and its monuments that reflect the tensions and the compromises of a society and the proud aspirations of its citizens was replaced, in the name of dogma and creativity, with

Brandevoort, Helmond, Pays-Bas / Netherlands, 1996.
Plan directeur / Master plan : Rob Krier & Christophe Kohl.

son tissu urbain et ses monuments qui reflètent les tensions et les compromis d'une société et aussi les fières aspirations des citoyens, a été substituée, au nom du dogme de la créativité, celle d'un environnement qui serait fait d'une accumulation de chefs-d'œuvre dus à des génies autoproclamés et à admirer sans toucher.

Mais ce meilleur des mondes se délite aujourd'hui de l'intérieur comme la chute du mur de Berlin exprimait la ruine d'un régime à bout de souffle et d'arguments. Le coût de l'urbanisation en tache d'huile est devenu prohibitif et le recours aux gratte-ciel, qui agite encore aujourd'hui quelques maires aux goûts de nouveaux riches, un leurre, tant ceux-ci isolent l'habitat et entraînent de nuisances collatérales.

that of an environment constituted by an accumulation of masterpieces for which we should be grateful to the self-proclaimed geniuses and that are to be admired but not touched.

But this best of all possible worlds is today crumbling from within just as the fall of the Berlin Wall expressed the ruin of a regime that had run out of steam and of arguments. The ever growing cost of urbanization has proved prohibitive and the high-rise solution, one that still inspires a few mayors with nouveau riche tastes, has proved to be a disappointment, isolating the inhabitant and creating collateral damage.

In the United States, where moralism and romanticism take a back seat to efficiency and where critics are not

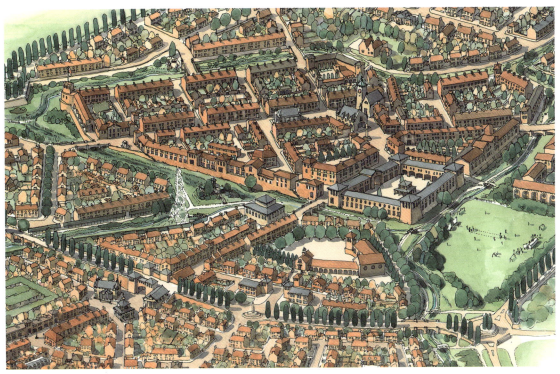

Fairford Leys, Aylesbury, Grande-Bretagne / Great Britain, 1994.
Plan directeur / Master plan : John Simpson & Partners.

Aux États-Unis, où moralisme et romantisme passent après l'efficacité et où les critiques ne sont pas systématiquement taxées de populistes, un mouvement s'est formé, il y a une vingtaine d'années, avec pour objectif de changer la manière d'urbaniser le pays : le *New Urbanism*. Celui-ci accorde une place moindre à l'automobile et surtout prône la construction de quartiers urbains faits d'îlots comprenant des activités et des services divers. Non seulement, on ne construit plus d'hypermarchés aux États-Unis, mais on reconstruit à leurs emplacements des quartiers neufs dont l'architecture emprunte le plus souvent à des styles européens. Le bémol vis-à-vis du *New Urbanism* ne concerne pas la forme urbaine, mais le contenu. Le monde anglo-saxon réfléchit l'urbanisme en

automatically labelled populists, a movement was founded, about 20 years ago, with the goal of changing the way of urbanizing the country. It is known as the *New Urbanism*. This gives less prominence to the automobile and above all advocates the building of urban neighbourhoods presenting a mix of various activities and services. Not only are they building no more hypermarkets in the United States, but in their place they are rebuilding new neighbourhoods whose architecture most often draws inspiration from European styles. The shortcoming of the *New Urbanism* does not concern the urban form but the content. The Anglo-Saxon world thinks of urbanism in terms of communities, that is, in terms of homogenous social or ethnic groups, whereas the terme de communautés, c'est-à-dire en terme de groupes sociaux ou ethniques homogènes, alors que la tradition urbaine européenne place la ville, c'est-à-dire l'ensemble des citoyens sans distinction, au centre de sa réflexion.

Le regain outre-atlantique vers l'urbain atteindra t-il l'Europe ? Le vieux continent n'est-il pas confronté à un individualisme irréversible incompatible avec la construction de villes et de quartiers traditionnels qui impliquent une mentalité partageuse ? Montrer du doigt le pavillon et la voiture, que beaucoup considèrent comme un droit acquis, n'est-ce pas prendre le risque d'une avalanche de jacqueries ?

Le prix Rotthier 2008 vient à point montrer qu'il n'en est rien et qu'il n'y pas une fatalité des banlieues chaotiques, des cités pourries, des lotissements à perte de vue. Les réalisations brièvement présentées dans les pages qui suivent sont appréciées par leurs habitants, basées sur un même principe, elles sont toutes différentes et intègrent les goûts, les traditions, les modes de vie locaux, c'est-à-dire universels. Il n'y a pas place ici pour la banalité, l'anonymat et les réponses passe partout. Rare pays à ne pas avoir cédé entièrement aux sirènes fonctionnalistes et à la vague pavillonnaire, l'Espagne continue d'étendre ses villes dans la tradition de l'*ensanche*, c'est-à-dire d'agrandissements rationnels. Revanche de ceux que l'histoire de l'architecture contemporaine avait laissé au bord du chemin.

Si ces réalisations sont tellement réussies, si efficaces, pourquoi faut-il attendre qu'un jury les consacre pour les divulguer, les étudier, apprendre d'elles ? D'une part, parce qu'étant complexes et peu spectaculaires en termes d'objets, elles n'intéressent pas les médias, mais surtout parce que les professionnels eux-mêmes dans leur majorité ne souhaitent pas qu'on en parle. Reconnaître les qualités de ces réalisations serait, de leur part, admettre de s'être obstinément trompé et d'avoir diaboliquement persévéré dans l'erreur.

European urban tradition places the city, that is, all citizens without distinction, at the centre of its reflection.

Will the North American return to the urban reach Europe? Is not the Old World facing an irreversible individualism that is incompatible with the construction of traditional towns and neighbourhoods that imply a shared mentality? Is not pointing the finger of accusation at the house in the suburbs and the car, which many see as their entitlement, to run the risk of sparking a wave of popular criticism?

The 2008 Rotthier Prize comes at just the right time to show that this is most certainly not the case and that there is nothing inevitable about chaotic suburbs, run-down housing estates and endless suburban sprawl. The developments presented briefly in the following pages are appreciated by their inhabitants, are based on the same principle, are all different and incorporate local - i.e. universal - tastes, traditions and lifestyles. There is no room here for banality, anonymity and standard responses. As one of the few countries not to have succumbed entirely to the functionalist sirens and suburban sprawl, Spain is continuing to expand its towns within the tradition of the *ensanche*, that is, rational enlargement. This marks a revenge for those whom the history of contemporary architecture had left by the wayside.

But if these projects are so successful and so effective, why wait for a jury to acknowledge them before revealing, studying and learning of them? On one hand, because they are both complex and unspectacular in terms of objects they are of no interest to the media, but most importantly because the vast majority of the professionals themselves do not want people to talk of them. Acknowledging the quality of these developments would, for them, amount to accepting that they had been so obstinately mistaken and diabolical in compounding their errors.

The Rotthier Prize was founded 30 years ago, since when it has been my privilege to ensure its presidency

LA NOUVELLE GÉNÉRATION / THE NEW GENERATION

Kokshetau, Kazaksthan.
Plan directeur / Master plan : Groupe Arcas, Bar, Tagliaventi & Ass.

Opbuuren, Maarssen, Pays-Bas / Netherlands.
Plan directeur / Master plan : la4sale & Mulleners + Mulleners.

Tornagrain, Highlands, Ecosse / Scotland.
Plan directeur / Master plan : Duany Plater-Zyberk & Company.

Le Prix Rotthier a été fondé il y a trente ans, j'ai eu le privilège d'en assurer sans discontinuité la présidence et de connaître la centaine de personnes qui ont composé les jurys chaque fois renouvelés. Les premières sessions se sont attachées à la découverte d'architectures urbaines et vernaculaires neuves attentives à leurs environnements spécifiques, mises en œuvre avec soin et avec des matériaux durables. Ces réalisations démontraient la nécessité et la validité d'un attachement à l'histoire, au lieu, aux racines. Le jury du Prix 2008 a choisi de mettre en évidence des réalisations qui répondent aux interrogations les plus actuelles ; celles de la mixité urbaine et sociale, de l'intégration, des relations intergénérationnelles, de la limitation des déplacements en automobile, de la durabilité, de l'économie d'énergie, de la pollution. Après plus d'un demi-siècle d'indifférence, la ville traditionnelle polycentrique avec ses quartiers, ses rues, ses places est alors apparue comme étant la réponse la plus efficace et la mieux appropriée à ces questions, à défaut d'être la plus parfaite.

La tradition n'est pas autre chose que la reconnaissance des habitudes qui font ce que nous sommes et nous rendent si semblables et si différents. C'est la main tendue aux générations qui nous ont précédé et nous ont légué des villes uniques, vulnérables, fragiles mais qui sont plus que jamais, dans ces temps de retrouvailles avec la sagesse urbaine, des sources d'inspiration pour le présent.

Le quartier idéal du citoyen, c'est celui où il trouve de tout, possède un centre, des rues et des places où il se déplace principalement à pied, où le logement social est parfaitement intégré dans les îlots et ne se montre pas du doigt. Ce sont des quartiers qui présentent tout ou partie de ces caractéristiques que le jury du Prix Rotthier a distingués en 2008. Je vous invite à les découvrir et mieux encore, à les visiter, car ils méritent le détour, en interrogeant ceux qui y vivent, car en la matière, la connaissance de première main est irremplaçable.

uninterruptedly and to know the 100 people who have made up the jury that is reconstituted on each occasion. In the early years, the focus was on discovering new urban and vernacular architectures that were attentive to their specific environments, implemented with care and sustainable materials. These projects demonstrated the need and legitimacy of an attachment to history, place and roots. The jury for the 2008 Prize has chosen to highlight developments that provide a response to today's most pressing issues, namely urban and social mixity, integration, relations between generations, limiting car journeys, sustainability, energy savings, and pollution. After over half a century of indifference, the traditional polycentric town with its neighbourhoods, streets, and squares has appeared as the most effective and appropriate response to these issues, albeit not a perfect one.

Tradition is no more than recognition of the habits that make us what we are and make us so similar or so different. It is the hand outstretched to the generations that preceded us and that bequeathed us unique, vulnerable and fragile towns but which today more than ever, as we reconnect with urban wisdom, are sources of inspiration for the present.

The ideal citizen's neighbourhood is one where everything is at hand. It has a centre, streets and squares between which he can move around principally on foot and social housing that is perfectly integrated and does not draw attention to itself.

It is neighbourhoods that present all or some of these characteristics that the jury of the Philippe Rotthier Prize rewarded in 2008. I invite you to discover them and, better still, to visit them, because they are certainly worth the trip. Speak also to the people who live there, as in this field first-hand experience is irreplaceable.

LA MÉTROPOLE DURABLE / THE SUSTAINABLE METROPOLIS

Ville imaginaire qui intègre, à la même échelle, quelque 80 quartiers et nouvelles villes
réalisés en Europe ces 25 dernières années
et présentés en 2008 au Prix Européen d'Architecture Philippe Rotthier.

An imaginary town composed, on the same scale, of around 80 new neighbourhoods and towns
built in Europe in the past 25 years
and presented in 2008 at the Philippe Rotthier European Prize for Architecture.

PRIX EUROPÉEN D'ARCHITECTURE
EUROPEAN PRIZE OF ARCHITECTURE
PHILIPPE ROTTHIER

Fondé en 1982 par l'architecte Philippe Rotthier, ce prix d'architecture triennal récompense des œuvres contemporaines qui s'inscrivent dans la continuité des principes architecturaux et urbains sur lesquels sont fondées les plus belles villes d'Europe.
Le prix a été décerné pour la huitième fois en juin 2008.

LES CARACTÉRISTIQUES DU PRIX
Le Prix Européen est un des rares prix qui récompensent des œuvres se situant dans la continuité de la tradition européenne de concevoir des villes. Il vise à rompre l'isolement et le silence qui entourent une partie importante de la production architecturale contemporaine qui ne trouve pas à s'exprimer dans les revues et les expositions d'architecture. Il a également pour objectif de renforcer l'exigence architecturale et urbanistique du public non spécialisé, des élus et des commanditaires.
Ce prix montre que des architectures et des aménagements de qualité, qui font la fierté des Européens, sont toujours réalisables aujourd'hui et que, pas plus que la « mal-bouffe », la « mal-architecture » n'est une fatalité.

Awarded every three years and created by the architect Philippe Rotthier in 1982, this prize acknowledges contemporary works, which respect the architectural and urban principles which formed the basis for the creation of Europe's most beautiful cities.
The prize was awarded for the eighth time in June 2008.

THE PRIZE CHARACTERISTICS
The European Prize is one of the rare prizes to reward works that respect the European tradition of town planning. It seeks to break the isolation and the silence that surround a large part of contemporary architectural production that does not find its way into the pages of architecture journals or into the exhibition rooms.
It also seeks to make the non-specialist public, elected representatives and those who commission works to be more demanding of architecture and town planning.
This prize shows that quality architecture and developments, of which Europeans are proud, are still possible today and that "junk architecture" is no more inevitable than "junk food".

Le jury du Prix, présidé par Maurice Culot, était composé de

Members of the jury, under the presidency of Maurice Culot, were

Jose Baganha, architecte, Portugal / architect, Portugal, **Bernard Durand-Rival**, architecte, France / architect, France, **Adrien Goetz**, écrivain, France / writer, France, **Birgit Lucas**, historienne de l'art, Allemagne / art historian, Germany, **Michael Lykoudis**, architecte, États-Unis / architect, USA, **Jean-Bernard Métais**, artiste, France / artist, France, **Katia Pecnik**, journaliste, France / journalist, France, **Philippe Pemezec**, élu, France / elected representative, France, **William Pesson**, architecte, France / architect, France, **Patrick Roussiès**, enseignant, France / teacher, France, **John Simpson**, architecte, Grande-Bretagne / architect, Great Britain, **Gabriele Tagliaventi**, architecte, Italie / architect, Italy.

2008 LAURÉATS / PRIZEWINNERS

GRAND PRIX POUR LA MEILLEURE RENAISSANCE D'UNE BANLIEUE URBAINE
GRAND PRIZE FOR THE BEST RENAISSANCE OF AN URBAN NEIGHBOURHOOD
    Le Plessis-Robinson, France

PRIX POUR LA MEILLEURE NOUVELLE VILLE / PRIZE FOR THE BEST NEW TOWN
    Val d'Europe, Ile-de-France, France

PRIX POUR LA MEILLEURE RECONSTRUCTION D'UN CENTRE HISTORIQUE
PRIZE FOR THE BEST RECONSTRUCTION OF A HISTORICAL CENTRE
    Neumarkt, Dresden, Deutschland

PRIX POUR LA MEILLEURE RECONSTRUCTION D'UN CENTRE VILLE
PRIZE FOR THE BEST RECONSTRUCTION OF A CITY CENTRE
    Palermo, Italia

PRIX POUR LE MEILLEUR NOUVEAU VILLAGE / PRIZE FOR THE BEST NEW VILLAGE
    Poundbury, Dorchester, Great Britain

PRIX POUR LA MEILLEURE INTERVENTION PUBLIQUE / PRIZE FOR THE BEST PUBLIC INTERVENTION
    Rathaus Viertel, Gladbeck, Deutschland

PRIX POUR LE MEILLEUR CENTRE DE QUARTIER / PRIZE FOR THE BEST NEIGHBOURHOOD CENTRE
    Borgo Città Nuova, Alessandria, Italia

PRIX POUR LA MEILLEURE PLACE URBAINE / PRIZE FOR THE BEST URBAN SQUARE
    Erromes Plaza, Irun, España

PRIX POUR LA MEILLEURE CITÉ-JARDIN / PRIZE FOR THE BEST GARDEN CITY
    Heulebrug, Knokke-Heist, Belgique / België

PRIX POUR LE MEILLEUR CAMPUS / PRIZE FOR THE BEST CAMPUS
    The Åkroken campus, Sundsvall, Sweden

MENTION SPÉCIALE POUR LA QUALITÉ DE L'EXTENSION DES VILLES ESPAGNOLES
SPECIAL MENTION FOR THE QUALITY OF EXTENSIONS TO SPANISH TOWNS
    Alicante, Bilbao, Burgos, Carbajosa de la Sagrada, Gijón, La Coruña, Oviedo, Pamplona, Salamanca, San Sebastian, Santander, Santiago de Compostela, Valladolid, Vitoria

NOMINÉS / NOMINATED
    Brandevoort, Nederland - Fairford Leys, Great Britain - Castel Leliënhuyze, Nederland - Cadriano, Italia - Richmond Riverside, Great Britain - Bear Wharf, Great Britain - Tirana, Albania - Bruxelles / Brussel, Belgique / België - Valenciennes, France - Kemer Country, Turkey

RENAISSANCE D'UNE BANLIEUE URBAINE   RENAISSANCE OF AN URBAN NEIGHBOURHOOD

LE PLESSIS-ROBINSON, FRANCE

En vingt ans, la ville du Plessis-Robinson, située en banlieue près de Paris, a largement changé de visage. Dès 1989, un cœur de ville a été réalisé d'après les plans de François Spoerry, auteur de Port-Grimaud et un des fondateurs du *New Urbanism*. En 2001, l'ancienne cité-jardin a été entièrement repensée et réaménagée. Les barres et les tours des années 1930 et 1960 ont cédé la place à des quartiers neufs, denses et mixtes, articulés par des rues, des places, un marché couvert, des jardins et des parcs publics. La déprimante uniformité fonctionnaliste s'est effacée au profit de la variété, de la complexité et de la convivialité. Fait remarquable, le logement social est entièrement intégré dans le tissu urbain et ne se distingue pas des autres constructions.

The town of Plessis-Robinson, located in a suburban environment just outside Paris, has changed in appearance a great deal over the past 20 years. A town centre was reconstructed in 1989 according to the plans drawn up by François Spoerry, who designed Port-Grimaud and who was one of the founders of the *New Urbanism*. In 2001, the former garden city was entirely rethought and redesigned. The apartment blocks and high-rises of the 1930s and 1960s gave way to new densely occupied and mixed use neighbourhoods with streets, squares, a covered market, gardens and public parks. Variety, complexity and conviviality replaced the depressing functionalist formality. A notable achievement was the total integration of social housing into the urban fabric, where it is indistinguishable from other constructions.

Quartier du Bois de Vallées	1	The Bois de Vallées neighbourhood
Nouveau cœur de ville	2	New town centre
Cité-jardin	3	Garden city
Nouveau marché couvert	4	New covered market

Plan directeur / Master plan: François Spoerry, puis / then Xavier Bohl, Marc & Nada Breitman
Date du projet / Project date: 1993
Début des travaux / Start of works: 1996
Achèvement des 3 sites concernés / Completion of the 3 sites concerned: 2008
Aire des sites / Surface area of sites: 17.5 hectares
Surface construite / Built surface area: 200 000 m²

Nombre d'habitants / Number of inhabitants: 6 000
Programme public & civique: constructions publiques, domaine public, écoles, équipements sportifs, rues, places / Public & civic programme: public buildings, public domain, schools, sports facilities, streets, squares

QUARTIER DU BOIS DE VALLÉES 1 THE BOIS DE VALLÉES NEIGHBOURHOOD

NOUVEAU CŒUR DE VILLE 2 NEW TOWN CENTRE

CITÉ-JARDIN 3 GARDEN CITY

NOUVEAU MARCHÉ COUVERT 4 NEW COVERED MARKET

NOUVELLE VILLE   NEW TOWN

VAL D'EUROPE, ILE-DE-FRANCE, FRANCE

Édifiée à 35 km à l'est de Paris, la construction de la nouvelle ville de Val d'Europe a été entamée, il y a vingt ans, selon les principes constitutifs de la ville européenne. Pour la première fois depuis l'après-guerre, des urbanistes ont projeté une ville constituée de quartiers à l'échelle de la marche à pied et structurés par des rues et des places. Elle a été conçue dans une stratégie de développement durable en recherchant une certaine densité et compacité, tout en veillant à conserver aux bâtiments une échelle conviviale ainsi que des espaces de respiration. Un système de transport en site propre performant, un réseau de parcs, jardins et pistes cyclables, une bonne mixité urbaine (emplois/logements) encourage les habitants à ne pas utiliser leurs voitures et contribue à limiter les trajets domicile-travail.

Work on building the new town of Val d'Europe, lying 35 km east of Paris, began 20 years ago on the basis of the principles of the European town. For the first time since the war, town planners conceived of a town made up of neighbourhoods designed on a pedestrian scale and structured in terms of streets and squares. The approach was that of sustainable development, seeking a certain density and compactness while at the same time endeavouring to retain buildings on a human scale and open spaces. A system of transport on reserved lanes, a network of parks, gardens and cycle paths, and good urban mixity (jobs/housing) encourages inhabitants not to use their cars and helps limit journey times between home and work.

Plan directeur / Master plan: Disneyland Paris Imagineering avec / with Cooper, Robertson & Partners consultant
Développeur / Developer: Eurodisney
Aménageur / Planner: EPA France
Conception / Design: 1996
Début des travaux / Start of works: 1998
Prévision d'achèvement / Expected completion: 2020
Surface du site / Site surface area: 1 943 hectares
Nombre d'habitants en 2008: environ 20 000 pour 7 500 logements / Population in 2008: about 20 000 for 7 500 homes
Nombre de logements livrés par an / Number of dwellings delivered per year: 500
Nombre d'habitants à terme / Final population: 50 000
Surfaces de logements / Housing surface area: 700 000 m²
Surfaces de bureaux / Office surface area: 70 000 m² (2008), 300 000 m² (2020)
Commerces / Shops: 110 000 m²
Pôle universitaire / University centre: 1 000 étudiants / students

Place d'Ariane.

Place de la Mairie

Place de Toscane.

RECONSTRUCTION D'UN CENTRE HISTORIQUE RECONSTRUCTION OF A HISTORICAL CENTRE

NEUMARKT, DRESDEN, DEUTSCHLAND

Lors des bombardements des 13, 14 et 15 février 1945, un tiers de la surface de la ville (15 km²) qui compte alors 630 000 habitants est rasé. On estime aujourd'hui le nombre de morts à 35 000.

La ville de Caspar David Friedrich, surnommée la Florence de l'Elbe et immortalisée dans les peintures de Belotto, a été, à l'exception de quelques monuments historiques majeurs isolés, reconstruite pendant la période communiste selon les normes anti-urbaines du fonctionnalisme de l'époque. Il faut attendre la réunification en 1990 pour qu'une initiative citoyenne lance une campagne pour la reconstruction de la Frauenkirche et, forte de ce succès, la Gesellschaft Historischer Neumarkt Dresden obtient de la municipalité la reconstruction des îlots qui entouraient l'église et formaient le quartier du Neumarkt. Avec la reconstruction du quartier du Neumarkt (le nouveau marché) qui était jusqu'à la réunification de l'Allemagne une surface déserte dominée par les ruines de la Frauenkirche, Dresde a aujourd'hui la chance de retrouver son identité historique telle que désirée par la grande majorité de ses habitants.

In the course of the bombings between 13 and 15 February 1945, one third of the town's surface area (15 square kilometres) was destroyed, killing an estimated 35 000 people among a population of 630 000.

The town of Caspar David Friedrich, known as the Florence of the Elbe and immortalised in the paintings of Belotto, was entirely rebuilt during the communist era according to the anti-urban and functionalist standards of the time with no more than a few isolated monuments of major historical importance remaining. It was not until German reunification in 1990 that a citizens' initiative launched a campaign for the reconstruction of the Frauenkirche and, inspired by this success, the Gesellschaft Historischer Neumarkt Dresden obtained from the municipality approval for the reconstruction of the plots that surrounded the church. With the reconstruction of the Neumarkt (new market) district, which until reunification was a wasteland dominated by the ruins of the Frauenkirche, Dresden has today been able to regain its historical identity as sought by the vast majority of its inhabitants.

Plan directeur / Master plan: Gesellschaft Historischer Neumarkt Dresden
Début des travaux / Start of works: 2000.
Prévision d'achèvement / Expected completion: 2025
Surface du site / Site surface area: 30 hectares
Nouvelles surfaces construites / Built new surface areas: environ / approximately 600 000 m²
Commerces / Shops: 130 000 m²

Édifices publics / Public buildings: 110 000 m²
Logements / Housing: 360 000 m²
Nombre d'habitants à terme / Final number of inhabitants: 10 800
Programme public & civique: place avec théâtre, église, école des beaux-arts, services et bâtiments publics, rues, places, squares... / Public & civic programme: square with theatre, church, school of fine art, public services and buildings, streets, squares, etc.

Dresde, Neumarkt, en 1935, 1945 et 1950 / Dresden, Neumarkt, in 1935, 1945 and 1950.

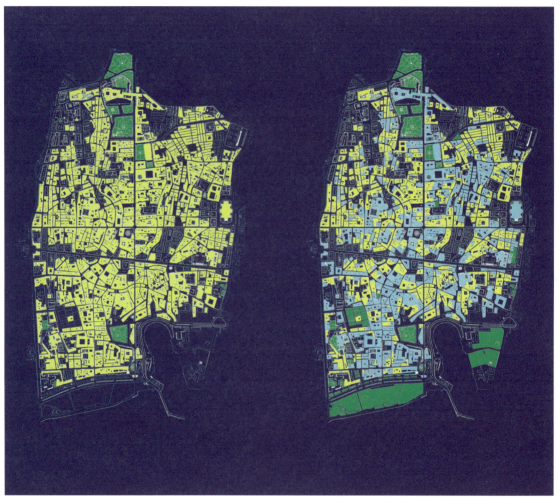

1993.
Jaune : édifices à restaurer ou à reconstruire /
Yellow: buildings to be restored or rebuilt.

2008
Bleu : édifices restaurés ou reconstruits /
Blue: buildings restored or rebuilt.

RECONSTRUCTION D'UN CENTRE VILLE   RECONSTRUCTION OF A CITY CENTRE

PALERMO, ITALIA

Le plan directeur de Palerme considère que le centre historique forme, avec ses monuments et ses bâtiments ordinaires, un monument en lui-même. Il interdit la démolition de bâtiments historiques, mais aussi des bâtiments ordinaires ; sa particularité est d'imposer la reconstruction des terrains vagues et des ruines en s'inspirant de ce qui existait, où ce qui aurait pu exister avant les démolitions.

Pour rendre le contexte urbain plus attractif et attirer des investisseurs privés dans les zones les plus dégradées, l'administration municipale a donné la priorité aux interventions dans les propriétés publiques (éclairage, pavements, parcs et jardins publics...). Des réductions de taxes et des aides pour l'obtention des permis sont également consenties aux privés qui restaurent ou reconstruisent des bâtiments. Très rapidement, un retour des habitants vers le centre ville a été constaté ainsi qu'une véritable renaissance de la vie sociale.

The master plan takes the view that the city centre forms, with its historical monuments and ordinary buildings, a monument in itself. It prohibits the demolition of both historical and ordinary buildings and is distinctive in imposing the reconstruction of wasteland and ruins by drawing inspiration from what existed in the past or what could have existed before demolition.

To attract private investors to the most dilapidated areas, the municipal authorities awarded priority to interventions in public works. This is in order to make the urban context more attractive by improving lighting, pavements, parks and public gardens. Reductions in taxes and aid in obtaining permits were also granted to private investors who restore or reconstruct buildings. The result has been a rapid return of inhabitants to the city centre and a genuine renaissance of social life.

Plan directeur / Master plan: Municipality of Palermo
Conception / Design: Leonardo Benevolo, Pier Luigi Cervellati, Italo Insolera,
Universita degi Studi di Palermo - Dipartimento di Projetto e Costruzione Edilizia: Giovanni Fatta, Tiziana Campisi, Guiseppe Costa, Mario Li Castri, Stefano lo Piccolo, Calogero Vinci
Mise en vigueur du plan / Plan implementation: 1993
Surface concernée / Surface area: 250 hectares
Nombre d'habitants à terme / Final number of inhabitants: 55 000 (actuellement / currently 30 000)

Programme public & civique: 2 grands théâtres, 13 églises et couvents, 15 bâtiments publics, 3 jardins publics, bibliothèque municipale, archives civiques historiques, 40 îlots, 3 résidences pour étudiants universitaires, rues et places piétonnes et aménagement de deux kilomètres de quais / Public & civic programme: 2 major theatres, 13 churches and convents, 15 public buildings, 3 public gardens, municipal library, historical civic archives, 40 blocks, 3 university student residences, pedestrian streets and squares and development of two kilometres of quayside.

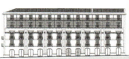

NOUVEAU VILLAGE   NEW VILLAGE

POUNDBURY, DORCHESTER, GREAT BRITAIN

Poundbury constitue une extension de la ville de Dorchester (17 000 habitants) dans le sud de l'Angleterre. Ayant comme maître d'ouvrage le Prince de Galles, son plan a été conçu de 1989 à 1995 par Léon Krier, un des premiers architectes européens à avoir démontré et illustré, dans ses projets, la validité de l'urbanisme traditionnel européen et la nécessité de concevoir des villes polycentriques. Poundbury, qui sera complétée en 2025, est composée de quatre quartiers villageois dont la distance de centre à centre n'excède pas 10 minutes de marche. Les quartiers accueillent des activités multiples et le tracé des rues est irrégulier de manière à dissuader la vitesse et former des espaces publics variés dont la géométrie informelle s'inspire de celle des villages de la région et se marie parfaitement avec une architecture simple et pratique proche du langage vernaculaire.

Poundbury accueille aujourd'hui de nombreuses entreprises et le taux de satisfaction de ses habitants et de ses usagers est extrêmement élevé.

Poundbury is an extension of the town of Dorchester (population 17 000) in southern England. Commissioned by the Prince of Wales, the plans for the village were drawn up between 1989 and 1995 by Léon Krier, one of the first European architects to have shown and illustrated in his projects the validity of traditional European architecture and the need to design polycentric towns. Poundbury, which will be completed in 2025, consists of four village neighbourhoods, the distance between each centre being no more than 10 minutes on foot. The neighbourhoods are home to multiple activities, with winding roads to discourage speeding and varied public areas with an informal geometry that draws inspiration from the villages in the region and combines perfectly with a simple and practical architecture that is close to the vernacular language.

Today Poundbury is home to many businesses and the level of satisfaction among inhabitants and users is very high.

Plan directeur / Master plan: Léon Krier
Commanditaire / Commissioner: Charles, Prince of Wales
Développeur / Developer: Duchy of Cornwall
Directeur du développement / Development Director: Andrew Hamilton
Development Manager: Simon Conibear
Date du projet / Project date: 1988
Début des travaux / Start of works: Phase I Oct 1993, Phase II 1996
Réalisés en 2008: 730 cottages, 524 maisons mitoyennes, 206 appartements, 1 bâtiment de bureaux, 4 magasins / Realised in 2008: 730 cottages, 524 town houses, 206 apartments, 1 office building, 4 shops
Achèvement / Completion: 2025
Aire du site: environ 40 hectares (7.5 ha pour la phase 1 et 13.5 ha pour la phase 2, le solde pour les phases 3 et 4) / Site area: approximately 40 hectares (7.5 ha for phase 1 and 13.5 ha for phase 2, the rest for phases 3 and 4)
Nombre d'habitants à terme / Final population: environ / approximately 5 500
Nombre de logements à terme: environ 2 000 (maisons isolées, maisons mitoyennes et appartements) / Final number of dwellings: approximately 2 000 (individual houses, terraced houses and apartments)

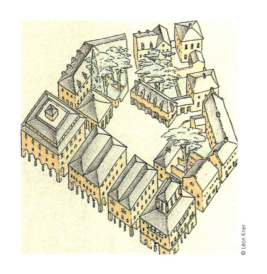
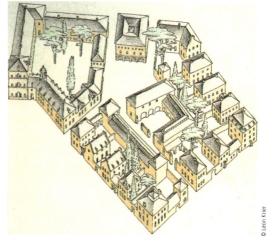

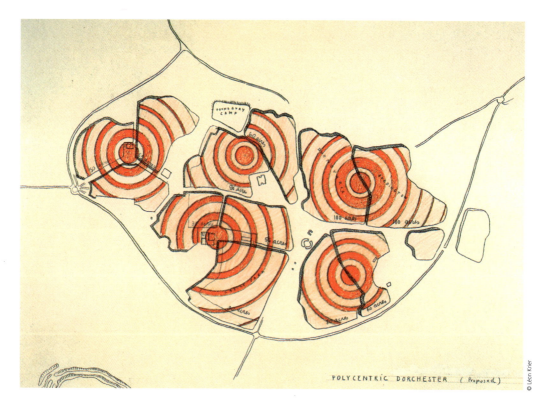

POLYCENTRIC DORCHESTER (Proposed)

INTERVENTION PUBLIQUE   PUBLIC INTERVENTION

RATHAUS VIERTEL, GLADBECK, DEUTSCHLAND

Les deux immeubles de bureaux construits en 1974, en extension de la mairie historique de 1908, se sont révélés tellement pollués par l'amiante que le maire de l'époque, Michael Stojan, décida de les détruire et d'initier des études d'urbanisme pour définir la forme et l'échelle des nouvelles constructions. Il insista pour que les matériaux utilisés s'inspirent du contexte historique : maçonnerie en briques et en pierres naturelles grises locales, toitures en tuiles et façades ne dépassant pas 4 à 5 étages.

Au terme de ces études, un concours partenariat privé-public est lancé. Le projet retenu et réalisé inclut une aile, comprenant une cafétéria sur deux étages, qui relie l'ancien hôtel de ville aux nouveaux bâtiments. Ceux-ci sont disposés autour de deux cours intérieures dont une, couverte, abrite un vaste hall pour l'accueil du public. L'arrivée sur la place depuis l'ouest se fait par un passage étroit qui suggère une ancienne entrée de ville. La nouvelle place de l'hôtel de ville met en valeur les nouveaux bâtiments et est devenue aujourd'hui, avec ses terrasses de cafés, un lieu très animé de la ville.

The two office buildings built in 1974 as an extension of the historical town hall built in 1908 were shown to be so polluted by asbestos that the mayor Michael Stojan decided to demolish them and commission town planning studies to define the form and scale of new buildings. He stressed that the materials used should be inspired by a historical context: masonry in local grey natural stone and brick, tiled roofs and facades of no more than 4 or 5 floors.

On completion of these studies, a private-public partnership competition was launched. The selected and realised project includes a wing housing a cafeteria on two floors that connects the existing town hall with the new buildings. The latter are laid out around two interior courtyards, one of which is covered and provides a huge entrance hall for the public. Entrance to the square from the west is by way of a narrow passage that suggests an old entrance to the town. The new town hall square highlights the new buildings and is today a very lively part of the town with its many café terraces.

Plan directeur / Master plan: Michael Stojan
Architectes / Architects: Hofmann-Syffus-Knaack, Düsseldorf
Développeur: partenariat privé public entre la Ville de Gladbeck et Hochtief AG Essen / Developer: Public, private partnership between the City of Gladbeck and Hochtief AG Essen
Conception / Design: 2003
Achèvement / Completion: 2006
Surface du site / Site surface area: 1 hectare
Surface construite / Built surface area: 24 000 m^2
Programme: extension de l'hôtel de ville, place publique et parkings / Programme: extension of the town hall, public square and car parks

Les 2 blocs de 1974 avant leur démolition / Two blocks of 1974 before the demolition.

CENTRE DE QUARTIER NEIGHBOURHOOD CENTRE

BORGO CITTÀ NUOVA, ALESSANDRIA, ITALIA

Cet ensemble urbain, qui accueille 300 habitants, a été édifié à l'emplacement d'une friche industrielle et constitue la démonstration qu'il n'est pas nécessaire de faire des tours et des gratte-ciel pour obtenir de la mixité et de la densité. La disposition des immeubles d'habitation et des commerces génère des rues avec arcades, deux places publiques et une esplanade de dimensions et de caractères différents. Les voitures stationnent en sous-sol de manière à ce que les piétons puissent parcourir agréablement les espaces publics intérieurs en cœur d'îlot.

This urban development providing homes for 300 people was built on the site of industrial wasteland and demonstrates that there is no need to build high-rise blocks and skyscrapers to obtain a high density and mixed use environment. The layout of the dwellings and shops creates streets with arcades, two public squares and an esplanade of varying dimensions and character. There are underground parking facilities so that pedestrians are able to easily cross the public areas at the heart of the site.

Plan directeur et architectes / Master plan and architects: Léon Krier, Gabriele Tagliaventi
Date du projet / Project date: 1994-1995
Achèvement / Completion: 2002
Aire du site / Site surface area: 0.85 hectares
Surface construite: résidentiel: 10 200 m² ; bureaux et commerces: 1 800 m² / Built surface area: residential: 10 200 m² ; offices and shops: 1 800 m²

Nombre d'habitants / Number of inhabitants: 300
Programme public & civique: 3 places publiques et piétonnes / Public & civic programme: 3 public squares reserved for pedestrians

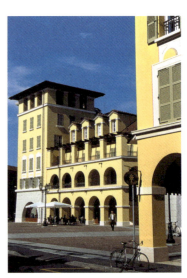

PLACE URBAINE   URBAN SQUARE

ERROMES PLAZA, IRUN, ESPAÑA

La place est située en bas d'un escalier monumental (Eskoleta Karrika) et à proximité immédiate de l'ancienne église Santa Maria del Juncal avec son superbe retable de 1643. Elle constitue le centre d'un quartier neuf construit à l'extérieur de l'ancienne ville, là où était jadis le port d'Irun et à l'emplacement d'anciennes friches industrielles et de terrains marécageux. Elle s'ouvre par un portique sur le chevet de l'église et par un autre sur le canal de la Dunboa. La place est une interprétation moderne de celles traditionnelles du Pays basque, qui étaient souvent utilisées pour les courses de taureaux. La sobriété de ses lignes et l'accent vertical rappellent la manière d'Auguste Perret et la place donne l'impression d'être intemporelle, construite en dehors de tout phénomène de mode.

Au rez-de-chaussée on trouve des commerces, des professions libérales et un bar restaurant avec sa terrasse.

The square lies at the foot of a monumental stairway (Eskoleta Karrika) and in the immediate proximity of the ancient church of Santa Maria del Juncal with its superb altar-piece dating back to 1643. This constitutes the centre of a new neighbourhood built outside the old town, formerly the site of the port of Irun and an area of industrial wasteland and marshy terrain. Through one portico the square gives onto the apse of the church and through another onto the Dunboa canal.

The square is a modern interpretation of the traditional squares of the Basque country, often used for bull races. The sober lines and vertical emphasis recall the style of Auguste Perret and the square gives the impression of being timeless, built outside of any architectural fashion.

The ground floors are given over to shops, the professions and there is also a bar and restaurant with a terrace.

Plan directeur et architecte / Master plan and architect: José Manuel Abalos
Date du projet / Project date: 1993-1996
Statut: réalisé / Status: completed
Aire du site / Site surface area: 1 hectare
Surface constrtuite / Built surface area: 20 000 m²
Nombre d'habitants / Number of inhabitants: 400

Programme public & civique: une place, une place centrale avec arcades, une esplanade et une rue / Public & civic programme: a square, a central square with arcades, an esplanade and street

 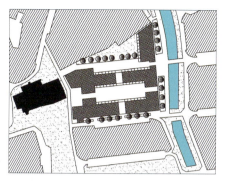 

CITÉ-JARDIN   GARDEN CITY

HEULEBRUG, KNOKKE-HEIST, BELGIQUE / BELGÏE

Le thème de la cité-jardin a été exploré au début du XXᵉ siècle avec des réussites incontestables comme celles du Floréal et du Logis à Bruxelles, du quartier de la Garbatella à Rome, de la cité-jardin Héliopolis à Séville... Délaissées au profit de l'urbanisme de barres et de tours, les cités-jardins réapparaissent aujourd'hui comme solution pour la construction de quartiers de faible ou moyenne densité. Pour être efficace, il est nécessaire qu'elles soient pensées non pas comme des lotissements monofonctionnels, mais comme de véritables quartiers avec des édifices publics, des commerces et des espaces publics. La cité-jardin de Heulebrug est située au sud de la gare et donne sur l'étendue du paysage des Polders. Elle a été conçue par les urbanistes américains Duany et Platter-Zyberk, les principaux promoteurs du *New Urbanism* aux États-Unis.

The theme of the garden city was explored at the beginning of the 20th century with some undeniable successes such as the Floréal and the Logis in Brussels, the Garbatella district in Rome, and the Heliopolis garden city in Seville. Abandoned in favour of apartment blocks and high-rises, the garden cities are today reappearing as a solution when building neighbourhoods of low or medium density. To be effective, they must be approached not as monofunctional sites but as genuine neighbourhoods complete with public buildings, shops and public spaces. The Heulebrug garden city lies to the south of the station and gives onto the wide landscape of the Polders. It was designed by the American town planners Duany and Platter-Zyberk, the principal promoters of the *New Urbanism* in the United States.

Plan directeur / Master plan: Léon Krier & Duany Plater-Zyberk

Architectes / Architects: Michel Authié, Arcas Group, Pier Carlo Bontempi, Piotr Choynowski, Jean de Gastines, Charles Legler, Michel Leloup - Marc Heene, Sune Malmquist, Guy Montharry, Colum Mulhern, Alberto Castro Nunes & Antonio Braga, John Robins, John Simpson, Barbara Weiss, David Oliver

Développeurs: commune de Knokke, Intercommunale de la Flandre Occidentale / Developers: Municipality of Knokke, Intercommunale of Western Flanders

Date du projet / Project date: 1998

Début des travaux: août 2000 / Start of works: August 2000

En construction / Under construction

Aire du site / Site surface area: 26 hectares

Nombre de logements: 405 (200 maisons, 105 maisons mitoyennes, 100 appartements) / Number of dwellings: 405 (200 detached houses, 105 terraced houses, 100 apartments)

Nombre d'habitants / Number of inhabitants: 1 200

Programme public & civique: un gymnase, un beffroi, un pont et une porte d'entrée, une place principale, quatre places plus petites, des bureaux pour le Centre public d'assistance sociale, des stationnements / Public & civic programme: a gymnasium, a belfry, a bridge and entrance gate, a main square, four smaller squares, offices of the Public Social Assistance Centre, parking places

CAMPUS CAMPUS

ÅKROKEN, SUNDSVALL, SWEDEN

Le nouveau campus d'Åkroken accueille la Midsweden University de Sundsvall, principale ville du centre de la Suède. Contrastant avec un environnement construit rigide issu de l'urbanisme fonctionnaliste, ce campus convivial est composé comme un quartier étudiant dans la tradition de l'architecture locale et des coloris de la région. C'est une alternative réussie à la majorité des autres campus européens construits après la Seconde Guerre mondiale et qui sont souvent faits d'une succession chaotique d'immeubles isolés.

Ici, les étudiants et professeurs se promènent dans des rues nouvelles pour aller d'une faculté à l'autre, de la bibliothèque au restaurant ou rejoindre par une passerelle jetée au-dessus de la rivière les aires de stationnement. Les toits en forte pente sont justifiés par à un climat marqué par la pluie et la neige. Vu depuis la rivière, le campus ressemble à une petite ville médiévale suédoise. À l'intérieur, on s'y sent comme dans un centre de village animé et à échelle humaine.

The new Åkroken campus is home to the Midsweden University in Sundsvall, the largest city in central Sweden. In marked contrast to a rigid urban environment born of a functionalist urbanism, this convivial campus is designed as a student quarter in the tradition of the local architecture and using regional colours. It is a successful alternative to the majority of other European campuses built after the Second World War that often consist of a chaotic succession of isolated buildings.

On this campus, students and professors follow the path of new streets as they walk from one faculty to another, from the library to the restaurant, or take the footbridge across the river to the parking areas. The steeply sloping roofs are justified by a climate with a lot of rain and heavy snowfalls. Viewed from the river, the campus resembles a small medieval Swedish town. The feeling when on the campus is of being in a lively village centre on the human scale.

Plan directeur / Master plan: Akademiska Hus, MID University of Sweden, Torbjörn Einarsson at Arken SE Arkitekter AB
Statut: réalisé / Status: completed

Aire du site / Site surface area: 5 hectares
Surface construite / Built surface area: 35 000 m²

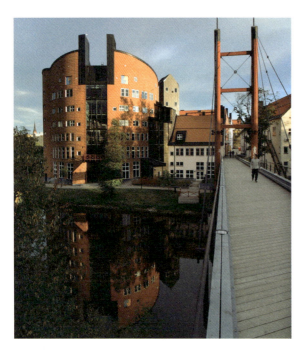

EXTENSIONS DES VILLES ESPAGNOLES

EXTENSIONS OF SPANISH TOWNS

ALICANTE, BILBAO, BURGOS, CARBAJOSA DE LA SAGRADA,

Alicante.
Avinguda de la Gran Via.

Gijón.
Plaza de la Ciudad de La Habana.

Bilbao.
Avenida Julián Gayarre.

La Coruña.
Calle Alcalde Suárez Ferrín.

En dehors de toute publicité, la majorité des villes espagnoles s'étendent en construisant de véritables quartiers mixtes et denses, articulés sur des espaces publics familiers et inspirés de la culture urbaine locale.

Cette pratique d'extension des villes espagnoles, reliée à une tradition de l'*ensanche* (l'agrandissement) développée tout au long du XIXe siècle fait des extensions des villes espagnoles des réalisations de référence.

While attracting no publicity, most Spanish towns expand by building genuine mixed use and densely occupied neighbourhoods centred around convivial public spaces and inspired by the local urban culture.

This practice of extending Spanish towns, linked to a tradition of *ensanche* (enlargement) developed throughout the 19th century, makes the extension of Spanish towns genuine reference projects.

GIJÓN, LA CORUÑA, OVIEDO, PAMPLONA, SALAMANCA, SAN SEBASTIÁN, SANTANDER, SANTIAGO DE COMPOSTELA, VALLADOLID, VITORIA

Pamplona.
Las Canteras – Berriobide.

San Sebastián.
Sagastieder Pasealekua.

Salamanca.
Palos de Moguer.

Valladolid.
Plaza Eliptica – Plaza Porticada.

Santander.
Plaza del Dos de Mayo.

Vitoria.
Avenida del Mediterraneo.

BRANDEVOORT, NEDERLAND

Extension de la ville de Helmond, 365 hectares, 24 000 habitants.
Plan directeur : Rob Krier, Christoph Kohl Architekten, Wissing Stedebouw en Ruimtelijke Vormgeving B.V.,
Paul van Beek landschappen BNT.

Extension of the town of Helmond, 365 hectares, 24 000 inhabitants.
Master plan: Rob Krier, Christoph Kohl Architekten, Wissing Stedebouw and Ruimtelijke Vormgeving B.V.,
Paul van Beek landschappen BNT.

FAIRFORD LEYS, GREAT BRITAIN

Extension de la ville d'Aylesbury, 210 hectares, 5 550 habitants.
Plan directeur : John Simpson & Partners.

Extension of the town of Aylesbury, 210 hectares, 5 550 inhabitants.
Master plan: John Simpson & Partners.

CASTEL LELIËNHUYZE, NEDERLAND

Element of the extension of the town of Haverleij den Bosch, 200 inhabitants.

Sjoerd Soeters, architect.

CADRIANO, ITALIA

New centre of the town of Cadriano, municipality of Granarolo dell'Emilia (Bologna).

Master plan: Andrea Guidotti, Mirko Guidoreni.

Architecture: A. Guidotti, Studio di Via Masi.

RICHMOND RIVERSIDE, GREAT BRITAIN

Quartier de l'hôtel de ville sur la Tamise, ville de Richmond, Surrey.
Quinlan & Francis Terry Architects.

Town hall district on the River Thames in the town of Richmond, Surrey.
Quinlan & Francis Terry Architects.

BEAR WHARF, GREAT BRITAIN

Reconversion du site d'une ancienne brasserie dans la ville de Reading, près de Londres.
Miguel Anderson & Robert Adam Architects.

Conversion of the site of a former brewery in the town of Reading, near London.
Miguel Anderson & Robert Adam Architects.

TIRANA, ALBANIA

Régénération de la rivière Lana.

Destruction des constructions illégales, réhabilitation de la rivière et de ses rives et mise en couleur des façades.

Plan directeur : Municipalité de Tirana, Clean & Green, regeneration of Lana-River, Vertical Public Space, Colorful-Tirana.

Regeneration of the River Lana.

Destruction of illegal buildings, rehabilitation of the river and its banks and painting of colourful facades.

Master plan: Municipality of Tirana, Clean & Green, regeneration of Lana-River, Vertical Public Space, Colorful-Tirana.

BRUXELLES / BRUSSEL, BELGIQUE / BELGÏE

Marché de Saint Géry.

Restauration du berceau historique de la ville.

Plan directeur : Ville de Bruxelles.

Saint Géry Market.

Restoration of the city's historic centre.

Master plan: Municipality of Brussels.

VALENCIENNES, NORD PAS-DE-CALAIS, FRANCE

Restauration des quartiers du centre ville.
Plan directeur : Ville de Valenciennes.

Restoration of town centre neighbourhoods.
Master plan: Town of Valenciennes.

KEMER COUNTRY, TURKEY

Nouveau village à proximité d'Istanbul, 1 000 habitants.
Plan directeur : Duany & Plater-Zyberk Company.

New village just outside Istanbul, 1 000 inhabitants.
Master plan: Duany & Plater-Zyberk Company.

Sources et Crédits photographiques / Documentary sources and Photographic credits

Couverture / Cover :
médaillon de bronze créé à l'occasion du prix par le sculpteur Christian Höpfner, d'après un dessin de Léon Krier /
bronze plaque created for the Prize by the sculptor Christian Höpfner, based on a drawing by Léon Krier.

A Vision of Europe : 11, 15, 21, 25, 41, 45, 58 (hd/hr)
R. Adam Architects : 60 (b/d)
Akademiska Hus : 54, 55
Groupe Arcas, Bar, Tagliaventi & Ass. : 9 (g/l)
Arken SE arkitekter AB : 52, 53
Atelier X. Bohl / photog. Eisenlohr : 17 (md/mr), 17 (b/d), 18
M. & N. Breitman : 16 (h), 17 (mg/ml)
M. Culot : couverture / cover, 2 (b/d), 14, 16 (b/d), 19, 23 (h), 44, 46, 47, 61 (b/d), 62 (h)
Domus, Milano, 894, 07-08/2006. Photog. Valentina Gugole (DR) : 61 (h)
Duany Plater-Zyberk & Company : 9 (b/d), 48, 49, 50, 51 (h), 51 (m), 62 (b/d)
Duchy of Cornwall : 33, 35
G. Fatta / Universita degi Studi di Palermo : 28, 29, 30, 31
Gesellschaft Historicher Neumarket Dresden : 24, 26 (b/d), 27
Google Earth : 56, 57

A. Guidotti : 59 (b/d)
Stefan Hertzig, Walter May, Henning Prinz, *Der historische Neumarkt zu Dresden*, Dresden, Michel Sandstein Verlag, 2005 : 26h , 26m
Architektengruppe Hofmann-Syffus-Knaack : 36, 37, 38, 39
R. Krier & Christophe Kohl : 6, 58 (hg/hl)
L. Krier : 3, 32, 34
la4sale & Mulleners + Mulleners : 9 (hd/hr)
Prix européen d'architecture Philippe Rotthier : 2 (g/l), 4, 5
J. Simpson & Partners : 7, 58 (b/d)
Soeters Van Eldonk architecten : 59 (h)
G. Tagliaventi : 2 (hd/hl), 40, 42, 43
F. & Q. Terry : 60 (h)
Tibo, Disneyland Paris Imagineering : 20, 22 (b)
Universita di Ferrara : 11, 15, 21, 25, 41, 45, 58 (hd/hr)
Val d'Europe Communication : 22 (h), 23 (b/d)
West-Vlaamse Intercommunale : 51 (b/d)

Prix Européen d'Architecture Philippe Rotthier / European Prize of Architecture Philippe Rotthier
Fondation Philippe Rotthier pour l'Architecture
55, rue de l'Ermitage
B- 1050 Bruxelles / Brussels
Tel 00 32 (0)2 642 24 80 – Fax 00 32 (0)2 642 24 82
info@fondationpourlarchitecture.be
www.fondationpourlarchitecture.be

La session 2008 du prix a été organisée par la Fondation pour l'Architecture et
A Vision of Europe en collaboration avec l'Université de Ferrare.

The 2008 session of the Prize is organized by the Fondation pour l'Architecture and
A Vision of Europe in cooperation with the University of Ferrara.

Conception graphique et photogravure / Graphic design and photoengraving : www.lapage.be
Traduction / Translation : Martin Clissold
Impression / Printing : Auspert Pauwels, Bruxelles
Éditions / Publisher : Archives d'Architecture Moderne
55, rue de l'Ermitage
B- 1050 Bruxelles / Brussels
www.aam.be

DÉPÔT LÉGAL D/2008/1802/7 | ISBN 978-2-87143-222-7